BEI GRIN MACHT SICH IHR WISSEN BEZAHLT

AF136092

- Wir veröffentlichen Ihre Hausarbeit,
  Bachelor- und Masterarbeit

- Ihr eigenes eBook und Buch -
  weltweit in allen wichtigen Shops

- Verdienen Sie an jedem Verkauf

Jetzt bei www.GRIN.com hochladen
und kostenlos publizieren

Grafikprozessoren und deren Architektur. Einblicke in die Parallelisierung und die Funktionsweise von Mehrkernprozessoren

Lars Kaiser

Bibliografische Information der Deutschen Nationalbibliothek:

Die Deutsche Nationalbibliothek verzeichnet diese Publikation in der Deutschen Nationalbibliografie; detaillierte bibliografische Daten sind im Internet über http://dnb.d-nb.de abrufbar.

ISBN: 9783346413130
Dieses Buch ist auch als E-Book erhältlich.

Druck und Bindung: Books on Demand GmbH, Norderstedt Germany
Gedruckt auf säurefreiem Papier aus verantwortungsvollen Quellen

Das vorliegende Werk wurde sorgfältig erarbeitet. Dennoch übernehmen Autoren und Verlag für die Richtigkeit von Angaben, Hinweisen, Links und Ratschlägen sowie eventuelle Druckfehler keine Haftung.

Das Buch bei GRIN: https://www.grin.com/document/1020075

FOM Hochschule für Oekonomie & Management Essen
Hochschulzentrum Bonn

Berufsbegleitender Studiengang Wirtschaftsinformatik, 3. Semester

Wissenschaftliche Arbeit
im Rahmen der Lehrveranstaltung
IT-Infrastruktur

über das Thema

GPU-Architektur

Autor: Lars Kaiser

Abgabe: 14. April 2021

Inhaltsverzeichnis

1 Einleitung 1

2 Einführung in die Parallelisierung anhand des Vergleichs von GPU und CPU 2

    2.1 Befehls-Modell: Single Instruction und Multiple Instruction 2

    2.2 Daten-Modell: Single Data und Multiple Data 2

    2.3 SIMD(T) und MIMD 3

3 Analyse der Nvidia Tesla P100 Pascal Architektur 5

    3.1 Komponenten des GPU-Rechenclusters 7

        3.1.1 Streaming Prozessoren - CUDA Rechenkerne 7

        3.1.2 Streaming Multiprozessor 9

        3.1.3 Texture Processing Cluster und Graphics Processing Cluster 10

    3.2 Speicher-Struktur der Graphics Processing Unit 13

        3.2.1 Registerspeicher 13

        3.2.2 L1-CACHE und Texturspeicher 14

        3.2.3 L2-CACHE 16

        3.2.4 Der Globale Speicher 17

    3.3 Schnittstellen und Interfaces 20

        3.3.1 PCI Express 3.0 Host Interface 20

        3.3.2 SLI und NVLink 22

4 Fazit 23

Literaturverzeichnis 25

Abbildungsverzeichnis

1   Warp Scheduler - Single Instruction Multiple Treads   3

2   Befehlsablauf SIMD(T) und MIMD   4

3   Tesla P100 Accelerator Platine mit verbautem GP100 Chip   5

4   GP100 GPU-Chip - die Architektur in der Übersicht   6

5   Funktioneller Aufbau eines CUDA - Rechenkerns   8

6   GP100 GPU Streaming Multiprozessor   9

7   DirectX 11 Grafik Pipeline   10

8   Aufbau eines TPC   11

9   Aufbau der PolyMorph Engine   12

10   Aufbau eines GPC   12

11   Aufbau der Raster Engine   13

12   Zugriffe auf den Registerspeicher während der Ausführung   14

13   Struktur und Prozesse innerhalb eines L1-Zwischenspeichers   15

14   Struktur und Prozesse innerhalb eines Texturspeichers   16

15   Non Coalesced Memory Access und Coalesced Memory Access   17

16   HBM2 Stack - Struktur und Komponenten   19

17   HBM2 Stack - PCB Anordung   19

18   Speicherhierarchie einer GPU   20

19   PCIe Verbindung zwischen Host und GPU   21

20   Beispiel von NVLink Verbindungen zwischen 8 GPUs und 2 CPUs   23

Abkürzungsverzeichnis

GPU	Graphics Processing Unit
CPU	Central Processing Unit
GPGPU	General Purpose Computation on Graphics Processing Unit
SIMT	Single Instruction Multiple Thread
MIMD	Multiple Instruction Multiple Data
SI	Single Instruction
MI	Multiple Instruction
MT	Multiple Thread
HBM	High Bandwidth Memory
TPC	Texture Processing Cluster
GPC	Graphics Processing Cluster
SM	Streaming Multiprozessor
SP	Streaming Prozessor
ALU	Arithmetisch-logische Einheit
FP unit	Floating Point Unit
INT unit	Integer Unit
CUDA	Compute Unified Device Architecture
ILP	Instruction Level Parallelism
TFLOPS	Tera Floating Point Operations per Second
DBMS	Datenbankmanagementsystem
DRAM	Dynamic Random Access Memory
GDDR	Graphics Double Data Rate
HBM	High Bandwidth Memory
SLI	Scalable Link Interface
ECC	Error Correction Code
SECDED	Single-Error Correct Double-Error Detect

1 Einleitung

Die Graphics Processing Unit (GPU) hat im Verlauf der letzten fünf Jahrzehnte eine rasanten Entwicklung erfahren. GPUs (auch als Parallelrechner bezeichnet) wurden zu Beginn ihrer Entwicklung als eine Entlastung der Central Processing Unit (CPU) bei der Berechnung von Grafiken konzipiert. Derartige Grafik-Berechnungen (Voxel-Berechnungen, Kalkulationen von dreidimensionalen Volumengrafiken, etc.) bestehen heruntergebrochen aus simplen und schrittweise stattfindenden Verrechnungen von Gleitkommazahlen innerhalb einer Fixed-Funciton-Pipeline.[1] Die zunehmenden Anforderungen von Spiele- und Rendering-Engines (Unity, Blender, Cinema4D, etc.) sowie eine Erhöhung der Auflösung heutiger Ausgabegeräte erfordern GPU-Architekturen, welche in der Lage sind immer größere Mengen an Daten unter kleinstmöglicher Latenz zu verarbeiten.[2] Der hohe Durchsatz einer GPU - gemessen in FLOPS (Floating Point Operations per Second) - geht auf die besondere Eigenschaft der GPU zurück, Daten parallelisiert nach dem Single Instruction Multiple Thread (SIMT)-Prinzip verarbeiten zu können.[3] Anspruchsvolle Textur- und Voxel-Berechnungen werden - zunächst vereinfacht betrachtet - als ein teilbares Gesamtproblem auf die vielen Rechenkerne der GPU aufgeteilt, als Bruchstücke berechnet und zuletzt wieder zu einem Ergebnis zusammengefügt. Nicht zuletzt hat diese Art der alternativen Prozessierung (im Vergleich zur Multiple Instruction Multiple Data (MIMD)-basierten Datenverarbeitung einer CPU) auch in vielen anderen Feldern der rechenintensiven Informatik neue Möglichkeiten eröffnet. Fortlaufende Anpassungen der GPU-Architektur haben die heutigen Grafikchips dank offener Programmier-Schnittstellen (Nvidia: CUDA, AMD: ROCm, ROCr), Software-Bibliotheken sowie quantitativer Skalierung der Komponenten und Implementierungen neuer architektonischer Besonderheiten (Tensor Cores, Shared Memory) immer entwicklungsfreundlicher und interessanter für alternative Anwendungsfelder gemacht.[4] Mit der multifunktionalen Nutzung der GPU wird in den Forschungsfeldern parallelisierter Anwendungen auch von General Purpose Computation on Graphics Processing Unit (GPGPU) gesprochen.[5] Die folgende Arbeit zielt darauf ab ein Verständnis über die Funktionsweise und den Aufbau heutiger Grafikprozessoren zu vermitteln. Hierbei wird exemplarisch für moderne GPU-Architekturen, die auf dem GP100-Chipsatz basierende Nvidia Pascal Architektur der GTX1000 Serie analysiert.

---

[1] Vgl. *Nischwitz, A.* et al., Computergrafik, 2019, S. 612.
[2] Vgl. *Kim, Y.* et al., 2017, S. 574.
[3] Vgl. *Owens, D. J.* et al., GPU Computing, 2008, S. 879f.
[4] Vgl. *Uelschen, M.*, GPU-Programmierung, 2019, S. 314.
[5] Vgl. *Nischwitz, A.* et al., Computergrafik, 2019, S. 613.

2 Einführung in die Parallelisierung anhand des Vergleichs von GPU und CPU

Wie bereits in der Einleitung erwähnt wurde, gibt es besondere Eigenschaften, die eine GPU in vielerlei Hinsicht von einer CPU unterscheiden . Beide Einheiten übernehmen die Rolle eines Prozessors, sind jedoch bedingt durch ihre Architektur auf unterschiedliche Funktionen und Anwendungsbereiche spezialisiert. Ein gängiges Kriterium für die Unterscheidung ist das Prozessmodell, über das beide Prozessoren auf Daten zugreifen und Befehle verarbeiten.[6]

2.1 Befehls-Modell: Single Instruction und Multiple Instruction

Befehle können in einem Prozessor mit jedem Schritt (Takt) gleich und synchron auf die Threads (einzelne Verarbeitungsleitungen eines Gesamt-Prozesses, welche über einen Rechenkern prozessiert werden) verteilt - Single Instruction (SI) - oder mit jedem Schritt unterschiedlich und asynchron - Multiple Instruction (MI) - über die Threads ausgeführt werden. Heutige CPUs basieren überwiegend auf dem zweiten Modell, bei dem die einzelnen Threads innerhalb eines Thread-Blocks zeitgleich unterschiedliche Aufgaben bewältigen.[7] GPUs hingegen basieren auf dem Single Instructon Modell, da alle aktiven Threads Warp-weise synchron den selben Befehl auf die Daten ausführen. Die Bezeichnung Warp ist GPU-spezifisch und beschreibt ein Bündel von 32 einzelnen Threads.[8]

2.2 Daten-Modell: Single Data und Multiple Data

Die Kriterien Single Data (SD) und Multiple Data (MD) sagen aus, ob der Prozessor zeitgleich Befehle auf mehrere unterschiedliche oder dieselben Daten ausführt. Sowohl moderne GPUs als auch CPUs basieren auf dem Multiple Data Prinzip. Hierbei ist anzumerken, dass Nvidia das Programmiermodell ihrer GPUs ausgehend von dem ursprünglichen MD-Modell zu dem sogenannten Multiple Thread (MT)-Modell weiterentwickelt hat. Das MT-Modell entspricht grundlegend dem oben erwähnten MD-Modell. Der Hauptunterschied besteht darin, dass die dem Leitwerk zugeordneten Kerne dem MT-Modell nach

---

[6] Vgl. *Uelschen, M.*, GPU-Programmierung, 2019, S. 314-316.
[7] Vgl. *Uelschen, M.*, GPU-Programmierung, 2019, S. 315.
[8] Vgl. *Uelschen, M.*, GPU-Programmierung, 2019, S. 316.

über einen Warp-Scheduler in solch einer Form koordiniert werden können, dass diese innerhalb eines Berechnungsschrittes unterschiedliche Instruktionen vornehmen können.[9,10] Threads, die nicht an dem gemeinsamen Befehl teilnehmen, werden dabei deaktiviert, bis die ihnen zugewiesene Instruktion erneut angewandt werden muss.[11]

Abbildung 1: Warp Scheduler - Single Instruction Multiple Treads

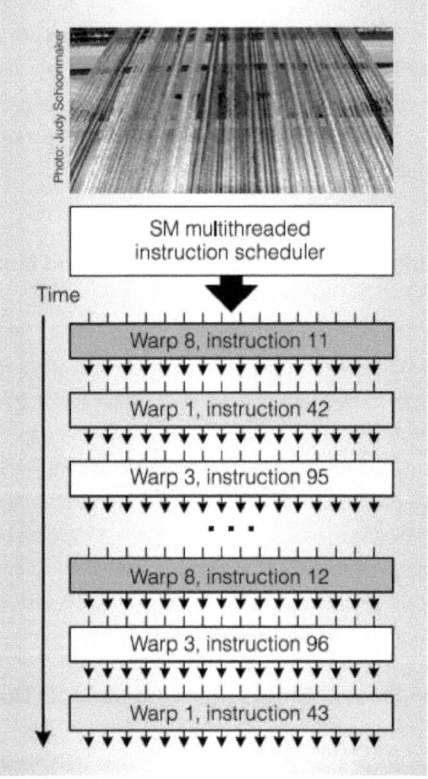

Quelle: *Lindholm, E.* et al., Nvidia Tesla: A Unified Graphics and Computing Architecture, 2008, S. 44

2.3 SIMD(T) und MIMD

Fügen wir nun die Daten- und Befehls-bezogenen Modelle zusammen, erhalten wir zwei typische Konzepte (GPU: SIMD(T) CPU: MIMD), welche CPUs und GPUs bereits auf Pro-

---

[9] Vgl. *Uelschen, M.*, GPU-Programmierung, 2019, S. 315.
[10] Vgl. *Nischwitz, A.* et al., Computergrafik, 2019, S. 614.
[11] Vgl. *Aamodt, M. T., ElTantawy, A.*, MIMD Synchronization on SIMT Architectures, 2016, S. 1f.

zessebene voneinander unterscheiden. Der in Abbildung 2. dargestellte Vergleich beider Modelle verdeutlicht die Theorie:

Abbildung 2: Befehlsablauf SIMD(T) und MIMD

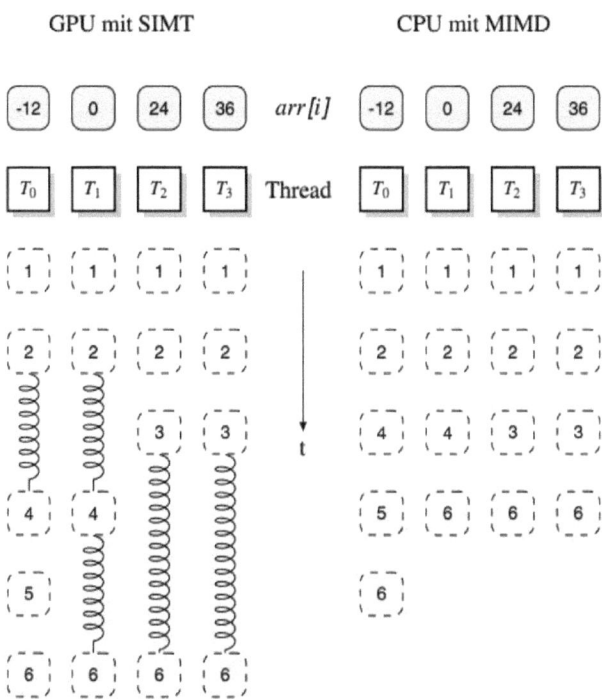

Quelle: *Uelschen, M.*, GPU-Programmierung, 2019, S. 315

Während eine MIMD-basierte CPU in einem der gegebenen Zeitabschnitte (t) unterschiedliche Befehle über die verfügbaren Threads (T0-T3) (hier als Zahlenfolge dargestellt) ausführen kann, ist der Warp einer SIMT-basierten GPU darauf beschränkt innerhalb eines Taktes/eines Zeitabschnittes (t) die gleichen Befehle über alle in dem Warp-enthaltenen Threads auszuführen.[12,13,14] Es lassen sich zwei unterschiedliche Konzepte der Parallelisierung erkennen: Eine GPU parallelisiert, indem sie taktweise immer nur eine Instruktion über die Threads auf allen verfügbaren Kernen ausführt. Eine CPU hingegen verteilt unterschiedliche Instruktionen auf alle Kerne innerhalb eines Taktes. Bei einem eindeutigen

---

[12] Vgl. *Uelschen, M.*, GPU-Programmierung, 2019, S. 316.
[13] Vgl. *Bakhoda, A.* et al., Analyzing CUDA Workloads Using a Detailed GPU Simulator, 2009, S. 163f.
[14] Vgl. *Bengel, G.* et al., Parallele und verteilte Systeme, 2015, S. 37f.

Kontrollfluss (schrittweiser und hierarchischer Ablauf von Rechenschritten) kann eine GPU somit einen deutlich höheren Durchsatz erzielen. Bei Berechnungen und Programmen, welche jedoch Verzweigungen (beispielsweise if, else, else if) aufweisen, wird ein vollwertiges SIMD System an seine Grenzen stoßen, da ja bekanntlich immer nur eine Instruktion gleichzeitig ausgeführt werden kann und jeder alternative Programmablauf zusätzliche Threads fordert[15]. Nun sollte auch die Bedeutung des in Abschnitt 2.2. erwähnten Warp Scheduling verständlich werden: Damit eine GPU auch in der Lage ist innerhalb eines Taktes unterschiedliche Befehle auszuführen, werden diese in 32 Thread große Warps gebündelt und über mehrere Warps verteilt (Multiple Thread). Analog zu den unterschiedlichen Threads einer CPU können die Warps im Anschluss zeitgleich ausgeführt werden, und es werden innerhalb eines Taktes unterschiedliche Instruktionen ausgewertet.[16]

3 Analyse der Nvidia Tesla P100 Pascal Architektur

Abbildung 3: Tesla P100 Accelerator Platine mit verbautem GP100 Chip

Quelle: *Nvidia*, NVIDIA Tesla P100, 2017, S.19

Um einen konkreten Einblick in die technischen Komponenten einer bekannten und erfolgreichen GPU-Architektur zu ermöglichen wurde exemplarisch die Nvidia Tesla P100 Pascal-Architektur ausgewählt. Sie wurde im Jahr 2016 von Nvidia entwickelt und über die

---

[15] Vgl. *Uelschen, M.*, GPU-Programmierung, 2019, S. 316.
[16] Vgl. *Uelschen, M.*, GPU-Programmierung, 2019, S. 316.

GeForce Tesla P100 GTX1000 Serie vermarktet. Grafikkarten der GTX1000 Serie, wie die GTX 1080ti, wurden bereits in vielen Studien als Parallelrechner eingesetzt und zählen nach wie vor zu den leistungsstarken GPUs, die auch heute noch (2020) am Markt verfügbar sind. Mit einer Fläche von 610 mm^2 ist der GP100 Chip der größte Chip, den Nvidia bis zu diesem Zeitpunkt produziert hat.[17] Die Architektur umfasst 6 einzelne Graphics Processing Cluster (GPC), welche jeweils aus 10 Einheiten des sogenannten Streaming Multiprozessor (SM) bestehen.[18] Insgesamt wurden 56 aktive SMs verbaut, da 4 der insgesamt $10 * 6 = 60$ SMs nur unter besonderer Last dazugeschaltet werden.[19] Der L2 Zwischenspeicher umfasst 4096 Kilobytes, während der L1 Speicher 14 Megabytes an Daten zwischenspeichern kann.[20] Mit einem Durchsatz von maximal 21.2 Tera Floating Point Operations per Second (TFLOPS) hat sich die Leistung des GP100 Chip um circa 50% zu seinem Vorgänger, dem GM200 Chip, gesteigert.[21]

Abbildung 4: GP100 GPU-Chip - die Architektur in der Übersicht

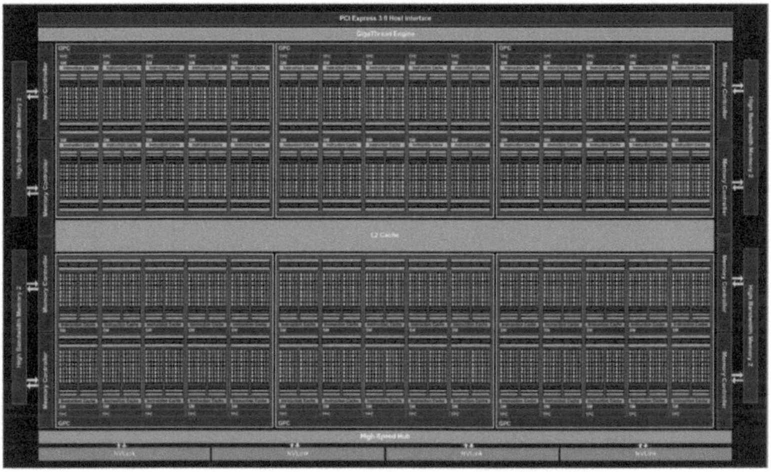

Quelle: *Nvidia*, NVIDIA Tesla P100, 2017, S.10

Die in Abbildung 4. dargestellte Architektur verschafft einen guten Überblick über die Komponenten. Wiederzuerkennen sind die 6 GPCs mit den jeweils 10 zugewiesenen SMs. Der L2 Zwischenspeicher befindet sich mittig verbaut und der L1 Zwischenspeicher ist in den

---

[17] Vgl. *Foley, D., Danskin, J.*, Ultra-Performance Pascal GPU and NVLink Interconnect, 2017, S. 7.
[18] Vgl. *Foley, D., Danskin, J.*, Ultra-Performance Pascal GPU and NVLink Interconnect, 2017, S. 7.
[19] Vgl. *Nvidia*, NVIDIA Tesla P100, 2017, S.10.
[20] Vgl. *Nvidia*, NVIDIA Tesla P100, 2017, S.10.
[21] Vgl. *Foley, D., Danskin, J.*, Ultra-Performance Pascal GPU and NVLink Interconnect, 2017, S. 7.

einzelnen SMs enthalten. Um den Aufbau des Rechenwerks einer GPU nachvollziehen zu können eignet sich ein didaktischer "Bottom Up" Ansatz. Dementsprechend wird die Struktur in den folgenden Erläuterungen zunächst auf die Komponenten eines SMs herunter gebrochen. Hierbei liegen vorerst die Rechenkerne im Fokus. Anschließend wird der SM als eigene Einheit betrachtet. Im nächsten Schritt werden die Komponenten und Aufgaben eines TPCs erläutert um im Anschluss auf die GPCs einzugehen. Zuletzt werden die Speicherstruktur und Interfaces einer GPU erläutert.

3.1 Komponenten des GPU-Rechenclusters

3.1.1 Streaming Prozessoren - CUDA Rechenkerne

Auf tiefster Hardware-Ebene befinden sich, neben elementaren Komponenten wie den Transistoren, die Rechenkerne der GPU. Diee Rechenkerne, auch Streaming Prozessor (SP) genannt, bilden gemeinsam die zentrale Komponente des Rechenwerks, indem sie Warp-weise alle arithmetischen Operationen auf die Daten ausführen, welche von dem Kernel (der Software, welche aktuell auf der GPU ausgeführt wird) vorgegeben werden. Auf einem vollständig ausgebauten GP100 Chip der Pascal Architektur befinden sich jeweils auf einem Streaming Multiprozessor 64 FP32 und 32 FP64 CUDA Kerne. Jeder SM verfügt somit über 96 Rechenkerne. Eines der 30 verbauten Texture Processing Cluster (TPC) enthält zwei SMs und somit 192 CUDA Kerne. Eines der 6 GPC, welches jeweils aus 5 Einheiten des TPC besteht, enthält somit insgesamt 960 CUDA Kerne.[22] Jeder Rechenkern besteht (abgesehen von zusätzlichen Komponenten für die Speicherverwaltung und Befehlsverwaltung) aus einer Arithmetisch-logische Einheit (ALU), welche für die Berechnung von Ganzzahl- und Fließkommazahl-Operationen zuständig ist.[23] Die Compute Unified Device Architecture (CUDA) beschreibt dabei ein - in der GPU-Architektur verankertes und auf der Programmiersprache C basierendes - Programmiermodell, welches Nvidia im Jahre 2007 für alle nachfolgenden GPU-Modelle eingeführt hat.[24] Hiermit erklärt sich auch die Bezeichnung der "CUDA-Kerne" anstelle von einfachen "Rechenkernen". Um erneut an den bereits erklärten alternativen Nutzen der heutigen GPU als GPGPU anzuknüpfen, lässt sich an dieser Stelle sagen, dass die Einführung eines einheitlichen Programmiermodells eines der Hauptfaktoren für die Entwicklung erster Software war, welche nun auch neben dem ursprünglichen Nutzen der GPU als Grafikprozessor, schrittweise zur

[22] Vgl. *Nvidia*, NVIDIA Tesla P100, 2017, S.11.
[23] Vgl. *Lindholm, E.* et al., Nvidia Tesla: A Unified Graphics and Computing Architecture, 2008, S.63f.
[24] Vgl. *Bakhoda, A.* et al., Analyzing CUDA Workloads Using a Detailed GPU Simulator, 2009, S.163f.

Entdeckung neuer Anwendungsfelder und Applikationen der parallelen Datenverarbeitung führt.[25]

Abbildung 5: Funktioneller Aufbau eines CUDA - Rechenkerns

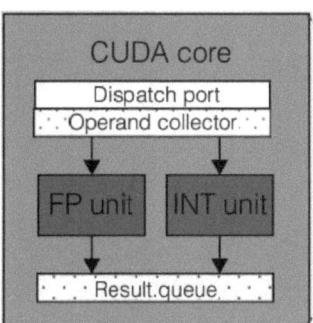

Quelle: *Lindholm, E.* et al., Nvidia Tesla: A Unified Graphics and Computing Architecture, 2008, S. 63

In Abbildung 5. lassen sich schematisch die entsprechenden Rechenkern-Einheiten für Berechnungen von Fließkommazahlen (Floating Point Unit (FP unit) und Ganzzahlen: Integer Unit (INT unit)) erkennen. CUDA-Kerne werden in zwei Klassen unterteilt: FP32 CUDA Cores und FP64 CUDA Cores.[26] Wie die Bezeichnungen vermuten lassen unterscheiden sich die Rechenkerne in der Genauigkeit, mit welcher die Nachkommastellen innerhalb der Fließkommazahl-Operationen bestimmt werden können. Das FP32 Format ist hierbei nur halb so genau wie das FP64 Format. Fließkommazahlen, welche über das FP32 Format abgebildet werden, besitzen nach dem IEEE.754-Standard einen Wertebereich von $1,18 * 10^{-38}$ bis $3,40 * 10^{38}$ abbildbaren Dezimalzahlen innerhalb einer Genauigkeit von 6-9 Nachkommastellen. FP32 CUDA Kerne sind, neben der 32-Bit-Genauigkeit, auch in der Lage Zahlen in einer 16-Bit-Genauigkeit abzubilden. Diese Multifunktionalität hat bisher keine der Vorgänger-Architekturen besessen.[27] Das FP64 Format hingegen ermöglicht einen deutlich größeren abbildbaren Wertebereich von $2,23 * 10^{-308}$ bis $1,80 * 10^{308}$ Dezimalzahlen mit 15-17 Nachkommastellen an Genauigkeit. Der Programmierer bestimmt bereits durch die Typisierung der Variablen in seinem Quellcode, welche Genauigkeit in der Prozessierung des Kernels letztlich erwartet wird. Da besonders genaue Berechnungen nur mit FP64-CUDA Kernen realisierbar sind, erklärt sich auch die längere Berechnungszeit, da nur halb so viele FP64-CUDA Kerne wie FP32-CUDA Kerne verbaut werden.

---

[25] Vgl. *Bakhoda, A.* et al., Analyzing CUDA Workloads Using a Detailed GPU Simulator, 2009, S.163f.

[26] Vgl. *Nvidia*, NVIDIA Tesla P100, 2017, S.11f.

[27] Vgl. *Nvidia*, NVIDIA Tesla P100, 2017, S.12.

3.1.2 Streaming Multiprozessor

Abbildung 6: GP100 GPU Streaming Multiprozessor

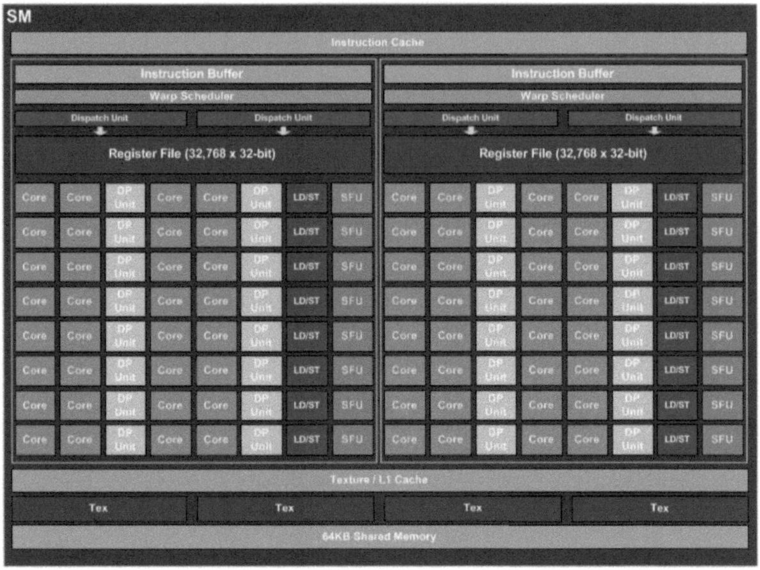

Quelle: *Nvidia*, NVIDIA Tesla P100, 2017, S.10

Streaming Multiprozessoren bilden die nächste Abstraktionsebene der GPU-Architektur. Über sie werden die, in den Kerneln enthaltenen, Instruktionen auf die einzelnen CUDA-Kerne verteilt. Die Kerne erhalten daher jeweils - ähnlich wie bei einem MapReduce Programmiermodell - einen Ausschnitt des Gesamtproblems als Rechenaufgabe, welche unabhängig von den anderen Kernen und im Einzelnen gelöst werden.[28] Grafikanwendungen erfordern beispielsweise mit jedem Takt der GPU eine parallelisierte Prozessierung unterschiedlicher und elementarer Programme (Shader) der Rendering Pipeline, welche wiederum für die Berechnung einzelner Pixel benötigt werden.[29] Der Streaming Multiprozessor orchestriert dabei die Verteilung der einzelnen Shader-Befehle als Threads auf die Kerne.[30] Die parallele Aufteilung und Berechnung der Thread-Instruktionen basiert nach wie vor auf dem in Abschnitt 2.3 bereits erklärten SIMT-Modell.[31] Der in Abbildung 1. beleuchtete Warp-Scheduler kommt nun als eigene Funktionseinheit zum Einsatz. 32 einzelne Threads bilden einen Warp, welcher jeweils Thread-weise von den zwei Warp Schedulern eines Streaming Multiprozessors auf die CUDA-Kerne verteilt werden.[32] Innerhalb

---

[28] Vgl. *Lindholm, E.* et al., Nvidia Tesla: A Unified Graphics and Computing Architecture, 2008, S.43.
[29] Vgl. *Lindholm, E.* et al., Nvidia Tesla: A Unified Graphics and Computing Architecture, 2008, S.43.
[30] Vgl. *Kim, Y.* et al., 2017, S.576.
[31] Vgl. *Nvidia*, NVIDIA Tesla P100, 2017, S.12.
[32] Vgl. *Uelschen, M.*, GPU-Programmierung, 2019, S.321f.

eines Taktes werden bei der Pascal Architektur maximal zwei Warps von jedem der beiden Warp Schedulern auf die Kerne verteilt.[33] Nun stellt sich jedoch bei näherer Überlegung die Frage, warum 64 Threads innerhalb eines Taktes auf 32 CUDA-Kerne verteilt werden, welche auf die Bearbeitung eines Threads pro Takt beschränkt sind. Die Antwort liegt in einer weiteren Abstufung der Parallelisierung, dem sogenannten "Instruction Level Parallelism (ILP)". Bestimmte mathematische Operationen können nur realisiert werden, indem sie in mehreren Zyklen(Cycles) innerhalb der Rechenkerne durchlaufen werden. Um derartige Berechnungen zu verarbeiten, können Threads gemäß dem ILP in sich selber parallelisieren und somit innerhalb eines Taktes mehrere Befehle zeitgleich ausführen.[34]

3.1.3 Texture Processing Cluster und Graphics Processing Cluster

In Abschnitt 3.1.2. wurden die Begriffe "Rendering Pipeline" und "Shader" verwendet. Um die beiden Begriffe, wie auch das TPC und das GPC verstehen zu können eignet sich eine Ablauf-orientierte Erklärung anhand des Rendering-Vorgangs:

Abbildung 7: DirectX 11 Grafik Pipeline

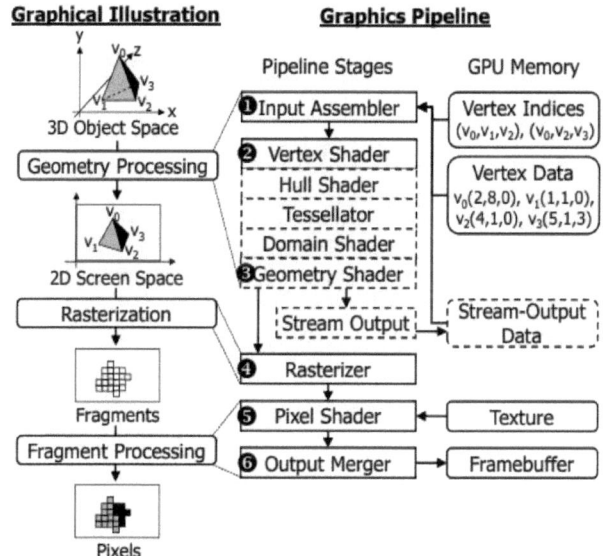

Quelle: *Kim, Y.* et al., 2017, S.575

---

[33] Vgl. *Nvidia*, NVIDIA Tesla P100, 2017, S.13.
[34] Vgl. *Uelschen, M.*, GPU-Programmierung, 2019, S.59.

Grundlegend lässt sich die Rendering Pipeline in drei Schritte unterteilen:

1. **Geometry Processing:** Das abzubildende Objekt muss zunächst auf eine zwei-dimensionale Fläche (in das Ausgabeformat) projiziert werden. Hierbei werden unterschiedliche Rechenprogramme (Shader) benötigt, um besondere Objekt-Eigenschaften wie Transparenz, Glätte oder Rauheit abbilden zu können. Der Input Assembler leitet dabei alle Parameter, die für die Beschreibung des Objektes angegeben wurden (beispielsweise die Farbauswahl), an die Shader weiter, damit diese eine realistische Projektion vornehmen können. Wie aus Abbildung 7. entnommen werden kann finden in diesem Schritt bereits sehr viele Shader-Operationen statt. Einen der besonders rechenintensiven Schritte stellt die Tesselation dar. Hierbei werden die Oberflächen und Schatten der Objekte hochskaliert, um den Effekt von räumlicher Tiefe sowie von Tiefenschärfe zu erzeugen.[35] Die TPCs übernehmen die Berechnung dieses ersten Schrittes, indem sie die Rechenleistung von jeweils zwei SMs bündeln und jeden der Shader-Befehle über eine sogenannte "PolyMorph Engine" ausführen.[36]

Abbildung 8: Aufbau eines TPC

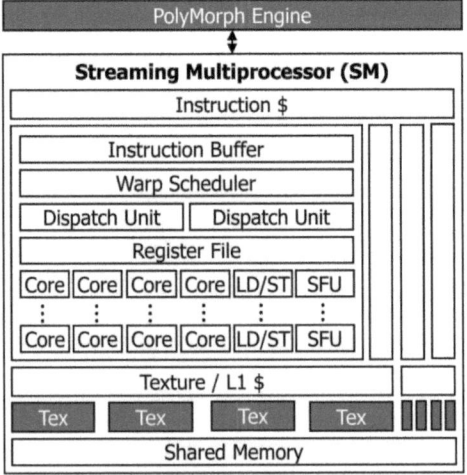

Quelle: *Kim, Y.* et al., 2017, S.576

---

[35] Vgl. *Kim, Y.* et al., 2017, S.575f.
[36] Vgl. *Kim, Y.* et al., 2017, S.575f.

Abbildung 9: Aufbau der PolyMorph Engine

PolyMorph Engine		
Vertex Fetch	Tessellator	Attribute Setup
Simultaneous Multi-Projection		Stream Output

Quelle: *Kim, Y.* et al., 2017, S.576

2. **Rasterization:** Bei der Rasterization wird die zweidimensionale Projektion des Objekts in Fragmente unterteilt.[37]

3. **Fragment Processing:** Bei dem Fragment Processing werden die Fragmente in einzelne Pixel umgewandelt. Hierbei wird geprüft, ob es zu Überlappungen der Pixel kommt und es wird eine Auswahl aller Pixel getroffen, welche letztlich über sogenannte „Pixel Shader"[38] gefärbt und für die eigentliche Ausgabe berechnet werden müssen.[39] Die Rasterization und das Fragment Processing wird über die, auf den GPCs verbaute, Raster Engine realisiert:

Abbildung 10: Aufbau eines GPC

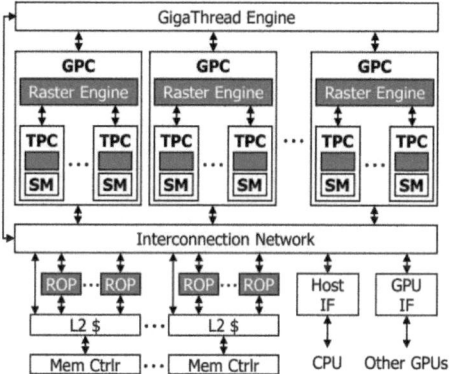

Quelle: *Kim, Y.* et al., 2017, S.576

---

[37] Vgl. *Kim, Y.* et al., 2017, S.575f.

[38] *Kim, Y.* et al., 2017, S.576.

[39] Vgl. *Kim, Y.* et al., 2017, S.575f.

Abbildung 11: Aufbau der Raster Engine

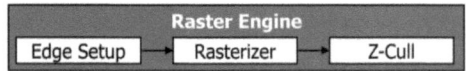

Quelle: *Kim, Y.* et al., 2017, S.576

3.2 Speicher-Struktur der Graphics Processing Unit

Bei der Nvidia Pascal Architektur, sowie bei allen anderen gängigen nicht-APU GPUs, gilt eine stringente Trennung von CPU und GPU Speicherbereichen. Die verschiedenen Speichertypen unterscheiden sich dabei auf mehreren Ebenen wie den Aspekten: Zugriffsmechanismen, Lokalität, Globalität, Geschwindigkeiten und Speichergrößen.

3.2.1 Registerspeicher

In Abbildung 6. lässt sich oberhalb der Rechenkerne der 32-bit Registerspeicher (Register File) erkennen. Der Registerspeicher ist die schnellste Form von Speicher innerhalb einer GPU.[40] Innerhalb des Registerspeichers werden Informationen über alle auszuführenden und aktiven Warps gespeichert. Sie sind sinngemäß die Referenz für die Warp Scheduler, welche die eigentliche Verteilung der Warps auf die Rechenkerne vornehmen. Können Threads beispielsweise innerhalb eines Taktes nicht ausgeführt werden (möglicherweise, weil aufgrund parallel ablaufender Speicher-Transaktionen auf einen Speicherzugriff gewartet wird), so muss dies für die Warp Scheduler transparent gemacht werden, da diese andernfalls nicht in der Lage sind eine Planung der nächsten zwei Warps innerhalb des Folgetaktes vorzunehmen. Jeder Warp wird mit einer ID im Speicher hinterlegt, welche diesen eindeutig identifizierbar macht. Der Registerspeicher enthält demnach Zustandsbeschreibungen der einzelnen Warps. Darin enthalten ist auch eine Beschreibung der Threads und der jeweiligen Instruktionen, welche über den Thread an die Rechenkerne übermittelt werden.[41]

---

[40] Vgl. *Uelschen, M.*, GPU-Programmierung, 2019, S.319f.
[41] Vgl. *Hyeran, J.* et al., GPU Register File Virtualization, 2014, S. 420f.

Abbildung 12: Zugriffe auf den Registerspeicher während der Ausführung

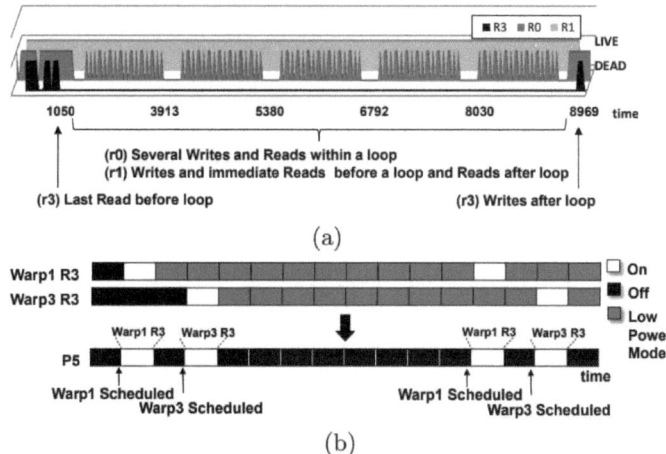

Quelle: *Hyeran, J.* et al., GPU Register File Virtualization, 2014, S.423

Abbildung 12. verdeutlicht die Geschwindigkeit, mit der Lese- und Schreiboperationen innerhalb des Registerspeichers ausgeführt werden (R3, R0, R1). Der GP100 Chip der Nvidia Pascal Architektur kann (unter Vollast) einen Durchsatz von 5.3 TFLOPS bei FP64 Operationen, 10.6 TFLOPS bei FP32 Operationen und 21.2 TFLOPS bei FP16 Operationen erreichen.[42] Bei halb-genauen (FP16) Fließkommazahlen-Operationen entsprechen 21.2 TFLOPS umgerechnet $21.2 * 10^{12} = 21.200.000.000.000$ Berechnungen pro Sekunde. Jede dieser Berechnungen muss eindeutig identifizierbar als Thread eines Warps im Registerspeicher hinterlegt werden. Wie Moores Gesetz bereits antizipiert verdoppelt sich die Rechenleistung alle zwei Jahre[43]. Kohärent gilt dies auch für den Registerspeicher. Innerhalb der Zeitspanne zwischen der Nvidia GK110-Kepler und der GP100 Pascal Architektur hat sich der Registerspeicher von 3840 KB (GK110) auf 14336 KB fast vervierfacht[44].

3.2.2 L1-CACHE und Texturspeicher

Abgesehen von dem Registerspeicher verfügt jeder SM über einen sogenannten L1 Zwischenspeicher (Cache). Innerhalb des L1 Speichers werden Daten aggregiert, welche von

---

[42] Vgl. *Nvidia*, NVIDIA Tesla P100, 2017, S.6.
[43] Vgl. *Schaller, R. R.*, MOORE'S LAW: past, present, and future, 1997, S.54f.
[44] Vgl. *Nvidia*, NVIDIA Tesla P100, 2017, S.11.

einzelnen Threads angefordert werden. Sobald sich die angeforderten Daten in dem benannten Zwischenspeicher befinden, werden sie an die Warps weitergeleitet, damit diese ausgeführt werden können. Mit der Einführung der GP100 Pascal Architektur kam es zur Fusion von Texturspeicher und L1-Zwischenspeicher (Abbildung 6.).[45] Wie der Name des Texturspeichers bereits antizipiert wird er verwendet um Informationen zu speichern, welche innerhalb der Rendering Pipeline von Texturen benötigt werden. Für jeden Vertex einer Oberfläche muss die entsprechende Koordinate gespeichert werden, um diesen im weiteren Verlauf mittels Textur-Filtern so zu manipulieren, dass in der Gesamtansicht eine (durch die Texturfilter bestimmte) Oberfläche berechnet werden kann. Die Farbe eines jeden Pixels wird somit aus einer kollektiven Berechnung von Textur-Filtern, Beleuchtungsangaben und Textur-Koordinaten bestimmt.[46] Materielle Eigenschaften wie Transparenz, Reflektion, Glätte und Rauheit könnten andernfalls nicht dargestellt werden. Anzumerken ist hierbei jedoch, dass L1-Speicher und Texturspeicher keineswegs synonym betrachtet werden können, auch wenn sie auf denselben Registerspeicher zugreifen. Wie die folgenden Abbildungen zeigen durchlaufen die beiden Speichereinheiten unterschiedliche Prozess-Schritte und sind zusätzlich in weitere Subeinheiten gegliedert:

Abbildung 13: Struktur und Prozesse innerhalb eines L1-Zwischenspeichers

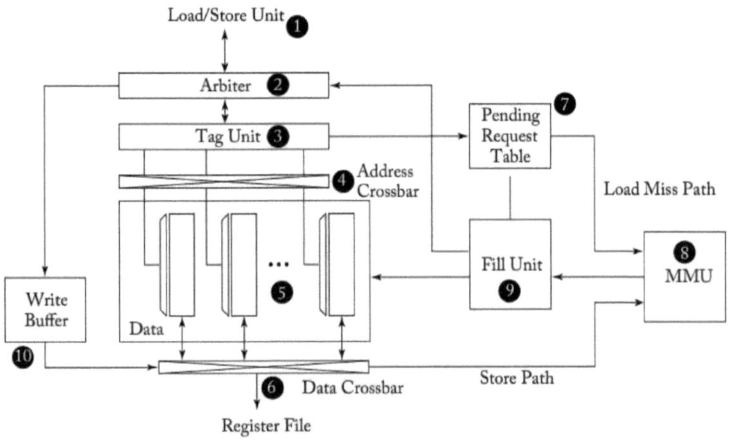

Quelle: *Aamodt, M. T., Fung, W. L. W.* et al., General-Purpose Graphics Processor Architecture, 2018, S.69

---

[45] Vgl. *Nvidia*, NVIDIA Tesla P100, 2017, S.15.
[46] Vgl. *Nischwitz*, A. et al., Computergrafik, 2019, S.371-375.

Abbildung 14: Struktur und Prozesse innerhalb eines Texturspeichers

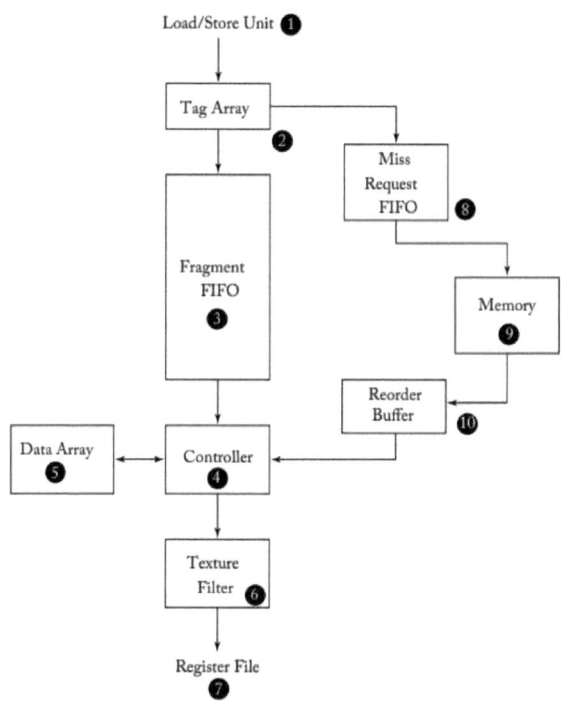

Quelle: *Aamodt, M. T., Fung, W. L. W.* et al., General-Purpose Graphics Processor
Architecture, 2018, S.74

Werden innerhalb des SM Abfragen an den Globalen Speicher gestellt, wird der L1-
Zwischenspeicher automatisch umgangen[47].

3.2.3 L2-CACHE

Der L2 Speicher ist letztlich ebenfalls ein Zwischenspeicher, wobei auf ihn die einzelnen
SMs kohärent zugreifen können. Kohärenz bedeutet in diesem Kontext, dass es bei keiner
der Abfragen des L2 Speichers zu Konflikten und Kollisionen zwischen den SMs kommen
kann.[48] Eine Analogie für diese Art von Speicherzugriff wären beispielsweise die atoma-
ren Transaktionen in der Datenbankmanagementsystem (DBMS)-Sprache SQL. Über den
- 4096 KB großen - L2 Speicher können die SMs auf den globalen Speicher zugreifen. Da

---

[47] Vgl. *Uelschen, M.*, GPU-Programmierung, 2019, S.320.
[48] Vgl. *Uelschen, M.*, GPU-Programmierung, 2019, S.320.

sich der L2 Speicher nicht topografisch innerhalb der einzelnen SMs befindet, wird er auch als „off-chip"[49] Speicher bezeichnet. Innerhalb des L2 Speichers befindet sich (neben weiteren Daten) eine Zwischenspeicherung des sogenannten „page table"[50]. Der Page Table dient als Verknüpfungspunkt von virtuellen und physikalischen Speicheradressen innerhalb der GPU und bildet somit eine weitere relevante Schnittstelle in der Weitergabe von Daten für die Prozessierung der Kernel.[51,52] Der L2-Zwischenspeicher ist somit eine zentrale und vermittelnde Speicher-Ebene zwischen dem On-Chip-Speicher (L1, Texturspeicher) und dem Off-Chip-Speicher (DRAM, GDDR5) und optimiert nebenbei den Durchsatz der einzelnen SMs[53].

3.2.4 Der Globale Speicher

Der Globale Speicher (Dynamic Random Access Memory (DRAM)) ist zeitgleich der größte und langsamste Speicher, der einer GPU zur Verfügung steht. Auf dem Globalen Speicher werden Datenstrukturen gespeichert, welche zwischen den einzelnen Threads distributiert werden müssen[54]. Referenziert ein Thread Daten aus dem Globalen Speicher, kann es gut sein, dass solch eine Operation mehr als 100 Taktzyklen an Zeit beansprucht.[55] Sobald ein Thread Daten aus dem Globalen Speicher anfordert, wird eine einzelne Speicher-Transaktion ausgeführt, mit der sowohl Lese- wie auch Schreiboperationen möglich sind. Je nach dem Grad der parallelen Ausführung mehrerer Threads kann der Speicherzugriff gemeinsam innerhalb einer Transaktion (coalesced memory access) oder einzeln (non coalesced memory access) stattfinden:[56]

Abbildung 15: Non Coalesced Memory Access und Coalesced Memory Access

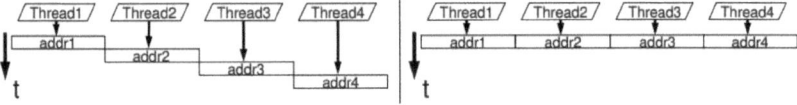

Quelle: *X., M., X., C.*, Dissecting GPU Memory Hierarchy Through Microbenchmarking, 2017, S.74

Auf der linken Seite von Abbildung 15. lässt sich das Gegenteil eines vereinigten Spei-

---

[49] Vgl. *X., M., X., C.*, Dissecting GPU Memory Hierarchy Through Microbenchmarking, 2017, S.74.
[50] Vgl. *X., M., X., C.*, Dissecting GPU Memory Hierarchy Through Microbenchmarking, 2017, S.74.
[51] Vgl. *Uelschen, M.*, GPU-Programmierung, 2019, S.320.
[52] Vgl. *X., M., X., C.*, Dissecting GPU Memory Hierarchy Through Microbenchmarking, 2017, S.74.
[53] Vgl. *Aamodt, M. T., Fung, W. L. W.* et al., General-Purpose Graphics Processor Architecture, 2018, S.75ff.
[54] Vgl. *Schaller, R. R.*, MOORE'S LAW: past, present, and future, 1997, S.632.
[55] Vgl. *Nischwitz, A.* et al., Computergrafik, 2019, S.67f.
[56] Vgl. *Nischwitz, A.* et al., Computergrafik, 2019, S.633.

cherzugriffs erkennen. Die einzelnen Threads referenzieren Adressen des globalen Speichers, welche offensichtlich nicht innerhalb eines gemeinsamen Adressraums liegen. Daher muss für jeden der Threads eine eigene Transaktion ausgeführt werden, was den kollektiven Speicherzugriff aller Threads verlängert und den Ansatz schwergewichtig macht. Auf der rechten Seite von Abbildung 15. liegen alle Elemente des Globalen Speichers, welche von den Threads 1-4 referenziert werden innerhalb eines gemeinsamen Adressraums. Somit ist es möglich den Speicherzugriff mit nur einer Transaktion für alle der dargestellten Threads abzuschließen. Der kollektive Speicherzugriff der Threads wäre in diesem Fall natürlich deutlich schneller und ressourcensparender.[57] Über die stetig ansteigenden Ansprüche an die Bandbreite des Globalen Speichers - nicht zuletzt bedingt durch Ressourcen fordernde Entwicklungen und Trends im Bereich der Künstlichen Intelligenz - hat sich über die Vergangenheit eine fortlaufende Entwicklungsreihe an neuen Speichermodellen ergeben, welche jeweils das vorherige Modell technisch abgelöst haben[58,59]. GPU-Architekturen, welche sich zeitlich vor der Veröffentlichung der Pascal-Architektur anordnen lassen (beispielsweise Kepler und Maxwell), haben den sogenannten Graphics Double Data Rate (GDDR)-Speicher verbaut. Der GDDR-Speicher hat zu diesem Zeitpunkt bereits 8 Entwicklungsstadien durchlaufen. Die Pascal Architektur hingegen setzt -im Übrigen als erste GPU ihrer Art- auf den neuen High Bandwidth Memory (HBM)-Speicher der zweiten Generation (HBM2). Eine GP100 Nvidia Pascal GPU verfügt somit (in der höchsten Ausstattung) über 16GB an 720 GB/s schnellem HBM2-Speicher[60,61,62]. Der HBM2 Speicher besteht aus einem Verbund (Stack) aus 8 einzelnen Ebenen, welche jeweils aus mehreren, untereinander verknüpften Speichereinheiten bestehen (Abbildung 16.):

---

[57] Vgl. *X., M., X., C.*, Dissecting GPU Memory Hierarchy Through Microbenchmarking, 2017, S.73f.
[58] Vgl. *Cho, J. H.* et al., 2018, S.208.
[59] Vgl. *Bae, S.* et al., 2008, S.278.
[60] Vgl. *Nvidia*, NVIDIA Tesla P100, 2017, S.11.
[61] Vgl. *Cho, J. H.* et al., 2018, S.208.
[62] Vgl. *Foley, D., Danskin, J.*, Ultra-Performance Pascal GPU and NVLink Interconnect, 2017, S.8.

Abbildung 16: HBM2 Stack - Struktur und Komponenten

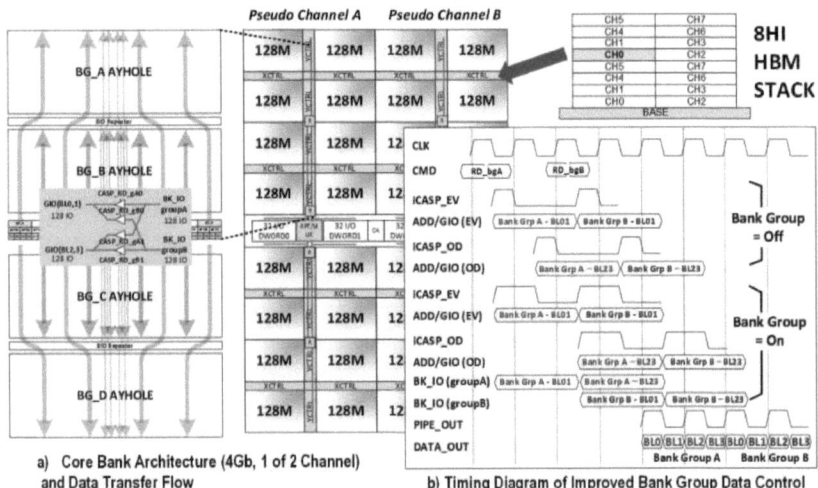

a) Core Bank Architecture (4Gb, 1 of 2 Channel)
and Data Transfer Flow

b) Timing Diagram of Improved Bank Group Data Control

Quelle: *Cho, J. H.* et al., 2018, S.209

Eine weitere Besonderheit des HBM2 Speichers ist, dass dieser nicht, wie bei den Vor-
gänger GPU-Architekturen von Nvidia, peripher um den eigentlichen GPU-Chip auf der
Platine der Grafikkarte angeordnet ist, sondern direkt auf diesen verbaut wurde, was die
Leitungswege zu der eigentlichen GPU deutlich verkürzt[63](Abbildung 17.):

Abbildung 17: HBM2 Stack - PCB Anordung

Quelle: *Nvidia*, NVIDIA Tesla P100, 2017, S.17

Der verbaute HBM2 Speicher zeichnet sich auch durch die native Unterstützung von Error
Correction Code (ECC) Funktionalitäten aus. Single-Bit Fehler, welche aus verschiedens-
ten Gründen auftreten können, werden innerhalb des HBM2 Speicher über das Single-
Error Correct Double-Error Detect (SECDED)-Verfahren mittels Prüfsummen identifiziert

---

[63] Vgl. *Nvidia*, NVIDIA Tesla P100, 2017, S.16f.

und behoben, bevor diese einen Einfluss auf das System nehmen können.[64] Die ab Abschnitt 3.2.1. erklärten hierarchischen Abstufungen und Beziehungen zwischen dem Globalen Speicher (Main Memory), dem L2-Zwischenspeicher und dem L1-Zwischenspeicher werden in Abbildung 18. deutlich:

Abbildung 18: Speicherhierarchie einer GPU

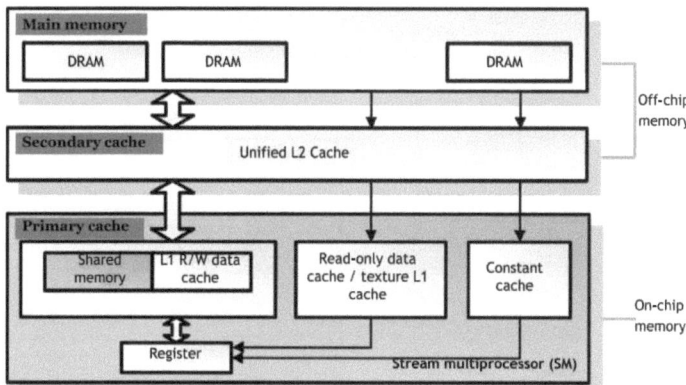

Quelle: *X., M., X., C.*, Dissecting GPU Memory Hierarchy Through Microbenchmarking, 2017, S.74

3.3 Schnittstellen und Interfaces

3.3.1 PCI Express 3.0 Host Interface

Grafikprozessoren sind - abgesehen von APUs - topologisch von dem eigentlichen Hostsystem getrennt. Dennoch muss ein schneller und kompatibler Signalaustausch zwischen GPU und CPU gewährleistet werden. Jedes ausgeführte CUDA-Programm, welches auf einer GPU verarbeitet werden soll, wird über die CPU an die GPU weitergeleitet. Genauer betrachtet werden bei dem CPU/GPU-Austausch im ersten Schritt (siehe Abbildung 19.) Adresspointer auf relevante Speicherbereiche des CUDA-Programms von der CPU an die GPU weitergeleitet und für diese zugänglich gemacht. Die Host-Speicheradressen werden anschließend im zweiten Schritt (siehe Abbildung 19.) während der Ausführung der Kernel GPU-seitig implementiert, wodurch eine eindeutige Referenzierung von Speicher und der damit verbundene Austausch von Daten zwischen dem Hostsystem (CPU-seitig) und

---

[64] Vgl. *Nvidia*, NVIDIA Tesla P100, 2017, S.18.

der GPU möglich wird.[65] Die Schnittstelle, über die GPU - sowie weitere Peripheriegeräte eines Rechners - und CPU diese Daten austauschen können ist das sogenannte PCIe-beziehungsweise PCI-Express-Interface:

Abbildung 19: PCIe Verbindung zwischen Host und GPU

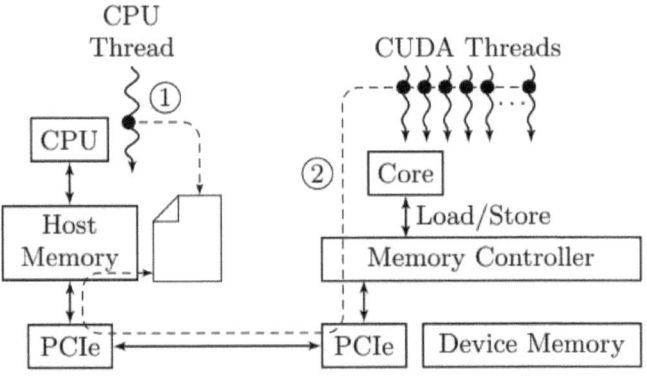

Quelle: *Kaldewey, T.* et al., 2012, S.56

Da sich GPU und CPU während der Verarbeitung von Daten innerhalb eines ständigen Austausches befinden, wird offensichtlich, dass die Geschwindigkeit der PCI-Express Verbindung einen maßgeblichen Einfluss auf die Geschwindigkeit des gesamten Verarbeitungsprozesses nimmt. Um diesem Flaschenhalseffekt entgegenzuwirken, wurden in der Vergangenheit immer schnellere und kompatiblere PICe Verbindungen entwickelt.[66] Zunächst wurde mit jeder neuen Version von PCIe die Anzahl an Übertragungsbahnen an der PCIe Steckverbindung erhöht. Des Weiteren wurden die Übertragungsbahnen in Bündel (PCIe-Lanes) gruppiert, was die Struktur der Leiterbahnen auf den Mainboards deutlich effizienter und übersichtlicher machte. Zuvor waren die PCIe Übertragungsbahnen in einer gemeinsamen Struktur angeordnet, welche jede der einzelnen Leitungsbahnen auf dieselbe Geschwindigkeit begrenzte. Erst mit der bereits angesprochenen und paarweisen Bündelung der Leitungsbahnen in sogenannte PCIe-Lanes konnten Daten zeitgleich in unterschiedlichen Geschwindigkeiten über die Lanes übertragen werden, was die Gesamtgeschwindigkeit der Datenübertragung zwischen GPU und CPU deutlich verbessert hat. Mit jeder Verdopplung der Anzahl an Lanes hat sich auch die Übertragungsrate verdoppelt. Die heutigen PCIe Stecker können die Formate $x1, x4, x8$ und $x16$ aufweisen, wo-

---

[65] Vgl. *Kaldewey, T.* et al., 2012, S.56.
[66] Vgl. *Kaldewey, T.* et al., 2012, S.55f.

bei eine PCIe $x1$ Verbindung aus einer einzelnen Lane und eine PCIe $x16$ Verbindung aus 16 Lanes besteht[67]. Anzumerken ist hierbei, dass Peripheriegeräte, welche beispielsweise über eine PCIe $x1, x4$ oder $x8$ Steckverbindung verfügen, problemlos über eine $x16$ Verbindung angebunden werden können. Die Übertragungsgeschwindigkeit wird dabei von dem jeweiligen Gerät bestimmt, das die geringste Anzahl an verfügbaren PCIe Slots aufweist. GPUs, die auf dem GP100 Chipsatz beruhen, verfügen - wie bereits aus Abbildung 4. entnommen werden kann - über ein PCIe Interface der dritten Generation[68].

3.3.2 SLI und NVLink

Reicht die Rechenleistung einer Grafikkarte nicht für einen bestimmten Anwendungsfall aus, so können an ein Hostsystem auch mehrere Grafikkarten angeschlossen werden. Hierbei werden die Grafikkarten zusätzlich zu der Verbindung über die PCIe Stecker auch untereinander verbunden, sodass diese im Verbund als eine Recheneinheit betrachtet werden können[69]. Es wird eine Zusatzkomponente, eine sogenannte Bridge, benötigt. Eine Bridge ist - rein optisch betrachtet - eine Steckleiste mit zwei (oder mehreren) weiblichen Steckverbindungen, welche jeweils an das, von den GPUs bereitgestellte, Scalable Link Interface (SLI) beziehungsweise an das NVLink-Interface angeschlossen werden. Bei dem soeben erwähnten SLI handelt es sich um eine Vorgängerversion der neuen NVLink Verbindung, welche nach wie vor für ältere Generationen von GPUs verwendet wird, jedoch inkompatibel mit den neueren GPU Modellen ist. Gründe sind höhere Datenübertragungsraten sowie eine physische Vergrößerung der Interface Steckleisten.

---

[67] Vgl. *Ravindran, M.*, 2008, S.1f.
[68] Vgl. *Nvidia*, NVIDIA Tesla P100, 2017, S.10.
[69] Vgl. *Foley, D., Danskin, J.*, Ultra-Performance Pascal GPU and NVLink Interconnect, 2017, S.13f.

Abbildung 20: Beispiel von NVLink Verbindungen zwischen 8 GPUs und 2 CPUs

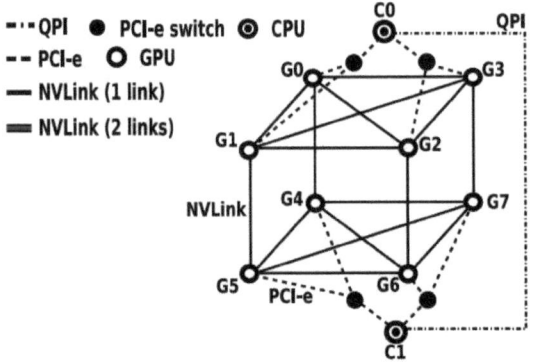

Quelle: *Li*, *A.* et al., 2020, S.2

Eine GP100 Pascal-GPU verfügt über 4 NVLink Ein-/Ausgänge (siehe Abbildung 4.), welche vollständig belegt werden können. Somit ist es möglich insgesamt 4 einzelne Grafikkarten an einem Mainboard mit nur einer CPU anzuschließen[70]. Die Anzahl der NVLinks ist hierbei auch maßgebend für die übertragbare Bandbreite zwischen den Grafikkarten. Mit jeder weiteren angeschlossenen Bridge wird die Bandbreite zwischen den GPUs um die Bandbreite erhöht, welche die Bridge unterstützt. Das NVLink Interface einer Tesla P100 Pascal GPU unterstützt Übertragungsgeschwindigkeiten von maximal $160GB/s$[71] . Eine Grafikkarte mit 4 belegten Steckleisten verfügt somit über die vierfache Bridge-Bandbreite einer Grafikkarte, welche über eine einzige Bridge im Verbund angeschlossen ist.[72]

4 Fazit

Im Rahmen dieser Arbeit war es aufschlussreich dem aktuellen Trend parallelisierter Computer-Architekturen zu folgen und sich zeitgleich ein Verständnis über die dahinter liegenden technischen Prinzipien anzueignen. Das unbestreitbare Potenzial parallelisierter Mehrkern-Prozessoren wird vor allem in der praktischen Anwendung innerhalb unterschiedlicher IT-Bereiche - wie der Forschung und Erprobung neuer Formen von Künstlicher

---

[70] Vgl. *Nvidia*, NVIDIA Tesla P100, 2017, S.10.
[71] Vgl. *Nvidia*, NVIDIA Tesla P100, 2017, S.7.
[72] Vgl. *Li*, *A.* et al., 2020, S.1f.

Intelligenz - deutlich. Obgleich nicht jedes Problem in einer parallelisierten Form gelöst werden kann, ermöglichen GPUs in anwendbaren Fällen Zugriff auf nahezu unbeschränkte Rechenleistung. Besonders aufgrund dieser letzten Erkenntnis ist es umso spannender zu verfolgen, dass GPU-Architekturen von Herstellern wie Nvidia und AMD absichtlich immer programmiererorientierter und multifunktionaler gestaltet werden, um neben dem Haupteinsatzzweck als Grafikprozessor in alternativen Anwendungsfeldern genutzt werden zu können. Da die Entwicklung von GPU-nutzender Software jedoch nach wie vor ein komplexes Themengebiet darstellt, war es ebenfalls sehr interessant innerhalb der Erarbeitung zu erkennen, dass ein technisches Verständnis über die jeweils ausgewählte GPU-Architektur eine Grundvoraussetzung für die anschließende Programmierung ist. Es wird spannend sein, die künftigen Entwicklungen von GPU-Architekturen und deren Einsatzfelder zu verfolgen.

Literaturverzeichnis

Aamodt, M. Tor, ElTantawy, Ahmed (MIMD Synchronization on SIMT Architectures, 2016): MIMD Synchronization on SIMT Architectures, British Columbia: IEEE Xplore, 2016

Aamodt, M. Tor, Fung, W. L. Wilson, Fung, W. L. Wilson, Rogers, G. Timothy (General-Purpose Graphics Processor Architecture, 2018): General-Purpose Graphics Processor Architecture, Wisconsin, Madison: Morgan und Claypool, 2018

Bae, S., Sohn, Y., Park, K., Kim, K., Chung, D., Kim, J., Kim, S., Park, M., Lee, J., Bang, S., Lee, H., Park, I., Kim, J., Kim, D., Kim, H., Shin, Y., Park, C., Moon, G., Yeom, K., Kim, K., Lee, J., Yang, H., Jang, S., Choi, J. S., Jun, Y., Kim, K. (2008): A 60nm 6Gb/s/pin GDDR5 Graphics DRAM with Multifaceted Clocking and ISI/SSN-Reduction Techniques, in: (2008), S. 278–613

Bakhoda, Ali, Yuan, L. George, Fung, W. L. Wilson, Wong, Henry, Aamodt, M. Tor (Analyzing CUDA Workloads Using a Detailed GPU Simulator, 2009): Analyzing CUDA Workloads Using a Detailed GPU Simulator, Vancouver, BC, Canada: IEEE Xplore, 2009

Bengel, Günther, Baun, Christian, Kunze, Marcel, Uwe, Stucky K. (Parallele und verteilte Systeme, 2015): Masterkurs Parallele und Verteilte Systeme - Grundlagen und Programmierung von Multicore-Prozessoren, Multiprozessoren, Cluster, Grid und Cloud, Wiesbaden: Springer Vieweg, Wiesbaden, 2015

Cho, J. H., Kim, J., Lee, W. Y., Lee, D. U., Kim, T. K., Park, H. B., Jeong, C., Park, M., Baek, S. G., Choi, S., Yoon, B. K., Choi, Y. J., Lee, K. Y., Shim, D., Oh, J., Kim, J., Lee, S. (2018): A 1.2V 64Gb 341GB/S HBM2 stacked DRAM with spiral point-to-point TSV structure and improved bank group data control, in: (2018), S. 208–210

Foley, Denis, Danskin, John (Ultra-Performance Pascal GPU and NVLink Interconnect, 2017): Ultra-Performance Pascal GPU and NVLink Interconnect, IEEE Xplore, 2017

Hyeran, Jeon, Nam, S. Kim, Gokul, S. Ravi, Murali, Annavaram (GPU Register File Virtualization, 2014): GPU Register File Virtualization, Waikiki, USA: ACM, MICRO-48, 2014

Kaldewey, Tim, Lohman, Guy, Mueller, Rene, Volk, Peter (2012): GPU Join Processing Revisited, in: DaMoN '12 (2012), S. 55–62

Kim, Youngsok, Jo, Jae-Eon, Jang, Hanhwi, Rhu, Minsoo, Kim, Hanjun, Kim, Jangwoo (2017): GPUpd: A Fast and Scalable Multi-GPU Architecture Using Cooperative Projection and Distribution, in: Proceedings of the 50th Annual IEEE/ACM International Symposium on Microarchitecture, MICRO-50 '17, Cambridge, Massachusetts: Association for Computing Machinery, 2017, S. 574–586

Li, A., Song, S. L., Chen, J., Li, J., Liu, X., Tallent, N. R., Barker, K. J. (2020): Evaluating Modern GPU Interconnect: PCIe, NVLink, NV-SLI, NVSwitch and GPUDirect, in: IEEE Transactions on Parallel and Distributed Systems, 31 (2020), Nr. 1, S. 94–110

Lindholm, Erik, Nickolls, John, Oberman, Stuart, Montrym, John (Nvidia Tesla: A Unified Graphics and Computing Architecture, 2008): Nvidia Tesla: A Unified Graphics and Computing Architecture, IEEE Xplore, 2008

Nischwitz, Alfred, Fischer, Max, Haberäcker, Peter, Gudrun, Socher (Computergrafik, 2019): Computergrafik - Band I des Standardwerks Computergrafik und Bildverarbeitung, München: Springer Vieweg, Wiesbaden, 2019

Nvidia (NVIDIA Tesla P100, 2017): NVIDIA Tesla P100 The Most Advanced Datacenter Accelerator Ever Built Featuring Pascal GP100, the World's Fastest GPU, in: (2017)

Owens, D. John, Houston, Mike, Luebke, David, Green, Simon, Stone, E. John, Phillips, C. James (GPU Computing, 2008): GPU Computing, California: IEEE Xplore, 2008

Ravindran, M. (2008): Extending Cabled PCI Express to Connect Devices with Independent PCI Domains, in: 2008 2nd Annual IEEE Systems Conference, o. O., 2008, S. 1–7

Schaller, R. Robert (MOORE'S LAW: past, present, and future, 1997): MOORE'S LAW: past, present, and future, in: (1997)

Uelschen, Michael (GPU-Programmierung, 2019): GPU-Programmierung, Wiesbaden: Springer Vieweg, Wiesbaden, 2019

X., Mei, X., Chu (Dissecting GPU Memory Hierarchy Through Microbenchmarking, 2017): Dissecting GPU Memory Hierarchy Through Microbenchmarking, IEEE Xplore, 2017